NEUTRAUBLING
Gärtner-
siedlung
Kaufpark
Birkenfeld
Gewerbe- und Industriegebiet
Oberheising
Heising
Guggen-
berger See
Hunde-
weiher
Nah-
erholungs-
gebiet
Surfschule
Katzenbühl
Pump-
station
Umspann-
werk
Wasser-
wacht
Rathaus
Stadthalle
Haus d. Gesundheit
Gärtnerei
Krabbel-
stube
Realschule
Förder-
zentrum
Hallen-
bad
Mittelschule
Gymnasium
Wert-
stoffhof
Jugend-
treff
Kinder-
krippe
Stadtgarten
Hallenbad
(in Bau)
Schule zur
Erziehungshilfe
St. Vincent
Sportflächen f.
Gymnasium
Kleingarten-
anlage
Tennis-
anlage
Bolzplatz
Am
Sportpark
Schulsport +
Breitensport-
anlage
Minigolf
Skate-
boardbahn
LKW
Bad
Sand-
strand
Haid Park
Bolzplatz
Bolzplatz
Sport-
zentrum
Neutraubling
© Verwaltungs-Verlag
AF396444
N

Bibliografische Information der Deutschen Nationalbibliothek
Die Deutsche Nationalbibliothek verzeichnet diese Publikation in der Deutschen Nationalbibliografie; detaillierte bibliografische Daten sind im Internet über http://dnb.d-nb.de abrufbar.

Geschlechtsneutrale Schreibweise und Auswahl der präsentierten Orte
Für den Fall, dass in diesem Buch keine geschlechtsneutrale Schreibweise Verwendung gefunden hat, sind stets die weibliche und männliche Form gemeint.
Die Auswahl der präsentierten Orte erhebt keinen Anspruch auf Vollständigkeit, sondern erfolgte durch die Schülerinnen und Schüler des Projektseminars.

Besonderer Hinweis
Das Werk einschließlich aller seiner Teile ist urheberrechtlich geschützt. Jede Verwertung außerhalb der Bestimmungen des Urheberrechtsgesetzes ist ohne schriftliche Zustimmung des Verlags unzulässig und strafbar. Dies gilt insbesondere für Vervielfältigungen, Übersetzungen, Mikroverfilmungen und die Einspeicherung und Verarbeitung in elektronischen Systemen.

Haftungsausschluss
Alle Angaben in diesem Kinderstadtführer wurden gründlich recherchiert, können sich aber (zum Beispiel im Fall von Websites) schnell ändern. Für eventuelle Fehler übernehmen weder AutorInnen noch Verlag eine Haftung, alle Angaben erfolgen ohne Gewähr. Eine Haftung der AutorInnen bzw. des Verlags und seiner Beauftragten für Personen-, Sach- und Vermögensschäden ist ebenfalls ausgeschlossen. Sollten sich trotz sorgfältiger Korrektur Fehler eingeschlichen haben, erbitten wir weiterführende Hinweise darauf. Wenden Sie sich in diesem Fall bitte schriftlich an den Verlag.

Markenschutz
Dieses Buch enthält eingetragene Warenzeichen, Handelsnamen und Gebrauchsmarken. Wenn diese nicht als solche gekennzeichnet sein sollten, so gelten trotzdem die entsprechenden Bestimmungen.

1. Auflage, Februar 2020
© 2020 edition riedenburg
Anschrift   edition riedenburg, Anton-Hochmuth-Straße 8, 5020 Salzburg, Österreich
E-Mail   verlag@editionriedenburg.at
Internet   editionriedenburg.at
Lektorat   Dr. Heike Wolter

Dieses Buch enthält copyrightgeschützte Fotos aus Archiven, Museen und anderen öffentlichen Einrichtungen. Es gelten die entsprechenden Bestimmungen.

Umschlaggestaltung, Satz und Layout: edition riedenburg
Herstellung: Books on Demand GmbH

ISBN 978-3-99082-045-2

Angela Kutzer und das P-Seminar Geographie 2018/20 am Gymnasium Neutraubling

Entdecke deine Stadt
Neutraubling
Kinderstadtführer

edition riedenburg

Die SchülerInnen des P-Seminars Geographie 2018/20 am Gymnasium Neutraubling sind:

Michael Bindl
Lea Drienovsky
Matthias Eppert
Sophie Feldmeier
Alex Fenchel
Jana Füßl
Charlotte Gsteu
Verena Heitzer
Tim Lugauer
Sarah Rosinski
Jasmin Roßmann
Aurella Schendziolek
Marie Wohlmann

Das bin ich
(Foto)

Name:

Hier wohne ich

Straße/Hausnummer:

PLZ/Ort:

Meine Telefonnummer ist:

Grußwort von Bürgermeister Heinz Kiechle

Liebe Kinder, liebe Jugendliche,

ihr sucht einen schönen Spielplatz, die Bücherei, das Hallenbad oder die nächste Eisdiele? Ihr möchtet wissen, was ihr in Neutraubling mit Freunden und Familie unternehmen könnt? Genau dafür gibt es jetzt diesen Kinderstadtführer!

Damit auch ihr als die Jüngsten in unserer Stadt über Freizeitmöglichkeiten und Treffpunkte informiert seid, hat das P-Seminar des Gymnasiums Neutraubling für euch diesen Kinderstadtführer erstellt. Von Jugendlichen in Zusammenarbeit mit Kindern für Kinder gemacht, enthält er viele wichtige Informationen und soll euch dabei helfen, die Stadt zu erkunden und besser kennen zu lernen.

Neben den Spielplätzen und zahlreichen Freizeiteinrichtungen für Kinder und Jugendliche werden auch „Geheimtipps" in der Natur wie Parkanlagen, Sportplätze, die Minigolfanlage oder das Erdbeerfeld dargestellt. Örtlichkeiten wie Schulen, Kindergärten, das Rathaus und die Feuerwehr dürfen natürlich auch nicht fehlen. Egal ob drinnen oder draußen – Neutraubling hat jede Menge für euch zu bieten!

Ich wünsche euch ganz viel Spaß beim Entdecken unserer Stadt!

Euer Bürgermeister
Heinz Kiechle

Grußwort von Landrätin Tanja Schweiger

Liebe Schulkinder und Eltern, liebe P-Seminar-Teilnehmer und Lehrer,

ihr haltet hier etwas in Händen, auf das ihr wirklich stolz sein könnt. Denn eure tolle Zusammenarbeit hat diesen schönen und nützlichen Stadtführer von Neutraubling erst möglich gemacht. Schon die Idee war klasse, ein P-Seminar am Gymnasium Neutraubling anzubieten mit dem Ziel, diesen kleinen Führer für Kinder im Grundschulalter unter dem Titel „Entdecke deine Stadt Neutraubling" zu entwickeln. Dass hier Kinder bei der Umsetzung des Projekts tüchtig mitgeholfen haben, merkt man dem Ergebnis, wie es uns jetzt vorliegt, an.

Wissenswertes über Neutraubling findet sich hier ebenso anschaulich aufbereitet wie Antworten auf spannende Fragen, etwa, wie die Gärtnersiedlung zu ihrem Namen kam, oder eine Übersicht über Neutraublings Stadtteile und interessante Objekte. Die Teilnehmerinnen und Teilnehmer des P-Seminars haben tolle Ideen auch wirklich gut umgesetzt, etwa mit Giraffe Raffi. Raffi führt euch durch dieses Buch.

Gerne unterstütze ich dieses Projekt. Hier sehe ich etwas verwirklicht, das mir am Herzen liegt: Wenn mehrere Menschen gemeinsam eine Idee umsetzen und jeder Einzelne dazu beiträgt, dass etwas entsteht, auf das man am Ende stolz sein kann. Vielen Dank an alle, die dabei mitgemacht haben!

Eure Landrätin
Tanja Schweiger

Grußwort von Schulleiter Dr. Elmar Singer

Liebe Leserinnen und Leser, liebe Kinder und Erwachsene,

unsere Welt ist sprichwörtlich ein Dorf geworden. Wir reisen in den Ferien in aller Herren Länder. Wir fliegen über das Wochenende zum Shoppen nach London oder Paris. Wir vergnügen uns in Freizeitparks oder auf Kreuzschiffen in der Karibik oder im Mittelmeer. Ferne Urwälder erkunden wir, wenn wir Natur- und Tierfilme anschauen. Gespannt blicken wir über Web-Cams in Berge und Wüsten. Wir überwinden Zeitzonen in Echtzeit und machen dabei den Tag zur Nacht und umgekehrt. Dabei vergessen wir manchmal ein wenig, in welch wunderbarer Welt wir selbst leben und wie viel uns geboten wird, wenn wir einfach nur ein paar Schritte vor die eigene Haustür setzen.

Unsere Kollegin Angela Kutzer und die dreizehn Schülerinnen und Schüler ihres P-Seminars haben genau das getan und bringen uns mit diesem kleinen Führer auf wunderbare Weise Neutraubling näher. Vor allem Kinder, aber auch Erwachsene werden bei der Lektüre Anregungen finden, die zum Nachmachen, Ausprobieren und Entdecken einladen.

Ich gratuliere allen Beteiligten im Namen der Schulfamilie des Gymnasiums Neutraubling zu diesem feinen kleinen Werk und wünsche dem Kinderstadtführer möglichst viele Fans. Besonders bedanken möchte ich mich bei der Giraffe Raffi, die aus der weiten Welt der Savannen Afrikas zu uns gekommen ist und uns als Reiseführerin unterstützt.

Euer Schulleiter
Elmar Singer

 Entdecke deine Stadt

Inhalt

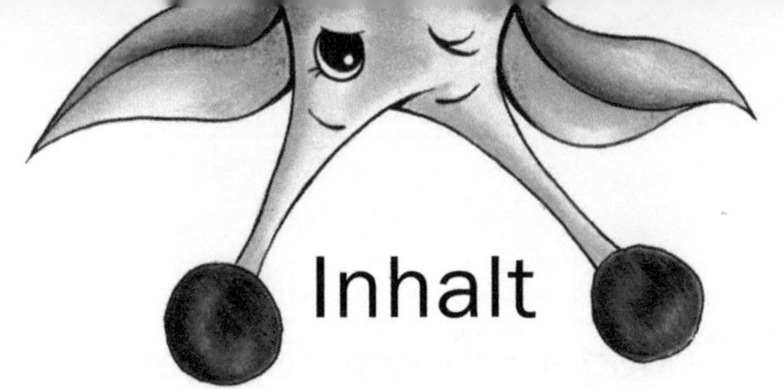

Ein Stadtplan (nicht) nur für Kinder

Wenn du in andere Städte reist, kannst du dort Stadtpläne finden, die nur für euch Kinder erstellt wurden. Die Stadtpläne zeigen besondere Orte, die dir gefallen könnten. Manchmal gestalten Kinder die Stadtpläne, aber oft auch Erwachsene.

Bei den Stadtplänen ist das besonders wichtig, was dir und deinen Geschwistern gefällt oder was ihr spannend findet. Aber der Stadtplan ist auch für Erwachsene (wie zum Beispiel für deine Eltern) hilfreich. Denn sie können nachschauen, was euch interessiert und neue, tolle Orte entdecken.

Du selbst kannst mit dem Kinderstadtplan viel lernen, zum Beispiel wie du mit einer Karte umgehen musst, denn dieser Stadtplan hat ganz viele Symbole und Farben. Da muss man ja erst einmal rausfinden, was welches Symbol bedeutet und welche Farbe für was steht.

Am wichtigsten ist, wie man sich in einem Stadtplan zurechtfindet.

Giraffe Raffi führt dich durch das Buch. Sie erzählt dir lustige und interessante Fakten zu vielen verschiedenen Orten und Ortsteilen. Vielleicht weißt du schon einiges, aber ich bin mir sicher, Raffi kann dir auch noch Neues verraten.

Auf der nächsten Seite siehst du eine Übersicht: Anhand der Farben und Symbole erkennst du sofort, um welche Orte es sich handelt.

Bildung und Erziehung

Sport und Freizeit

Essen und Trinken

Öffentliche Einrichtungen

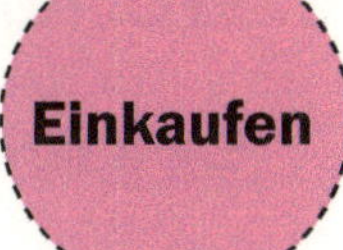

Einkaufen

Kindergarten

TSV/Sportplatz

Eisdiele

Feuerwehr

Rofu/Tedi/ Globus/ (Lebensmittel-) geschäfte

Schule

Spielplatz

Pizzeria/ Döner/Burger

Polizei

Kleidungsgeschäfte

Musikschule

Guggi/ Hallenbad

WC

öffentliche Toilette

Bücherei

Pferdehof

Ärzte/Ärztehaus

Park/Wiese

Kirche

Jugendtreff

Moschee

Erdbeerfeld

Rathaus

Woher hat Neutraubling seinen Namen?

Vielleicht hast du ja noch gar nicht darüber nachgedacht, woher Neutraubling seinen Namen hat.

Neutraubling ist im Vergleich zum Beispiel zu den anderen „Traublings" – Ober- und Niedertraubling – wirklich ein **neuer** Ort. Denn die Gegend um Obertraubling und Niedertraubling ist seit 5000 v. Chr. besiedelt. Der Ortsname bedeutet bei den beiden älteren Siedlungen seit dem Mittelalter „Ort der Traublinger", hier lebten also die Leute des „Traublingers".

In Neutraubling ist das anders. Die Stadt hat ihren Namen nicht, weil sie von einer Adelsfamilie gegründet wurde! Der Name Neutraubling wurde durch eine Bürgerversammlung aus vielen, teils fantasievollen Vorschlägen gewählt. Er stellt zwar den Bezug zur Nachbargemeinde Obertraubling her, aber das hat lediglich den Grund, dass die Gewerbetreibenden der damaligen Zeit den Zusammenhang zur vorherigen Bezeichnung „Industriesiedlung Obertraubling" erhalten wollten.

In der Stichwahl stand übrigens neben Neutraubling noch Neupirka zur Wahl.

Dieser Name war angelehnt an die 900 Jahre alte Bauernsiedlung, welche einem Fliegerhorst weichen musste. Dieser „Flughafen Obertraubling" war kein Flugplatz, wie ihr ihn vielleicht von euren Urlaubsreisen kennt, sondern er wurde in den 1930er Jahren errichtet und für militärische Zwecke genutzt. Hier wurden vor allem Flugzeuge für den Krieg gebaut. Am Ende des Krieges wurde der Flughafen durch Bomben zerstört – deshalb findet man bei Bauarbeiten auch immer wieder Bomben, die entschärft werden müssen.

In den Ruinen haben sich mutige Männer und Frauen angesiedelt. Männer und Frauen, die zusammen mit ihren Familien aus ihrer alten Heimat vertrieben worden waren. Die Menschen aus Osteuropa haben sich an diesem Ort eine neue Existenz aufgebaut: Sie wollten hier gemeinsam leben und arbeiten. Ebenso verhielt es sich dann auch mit den Gastarbeitern, die aus Süd- und Südosteuropa nach Neutraubling kamen. So hat sich hier durch ständigen Zuzug eine Stadt entwickelt.

Neutraubling als Gemeinde gibt es erst seit dem 1. April 1951. Seither ist Neutraubling ständig gewachsen. Aus diesem Grund wurde Neutraubling 1986 zur Stadt erhoben. Ein wichtiger Meilenstein, denn heute heißt es ja „Stadt" Neutraubling.

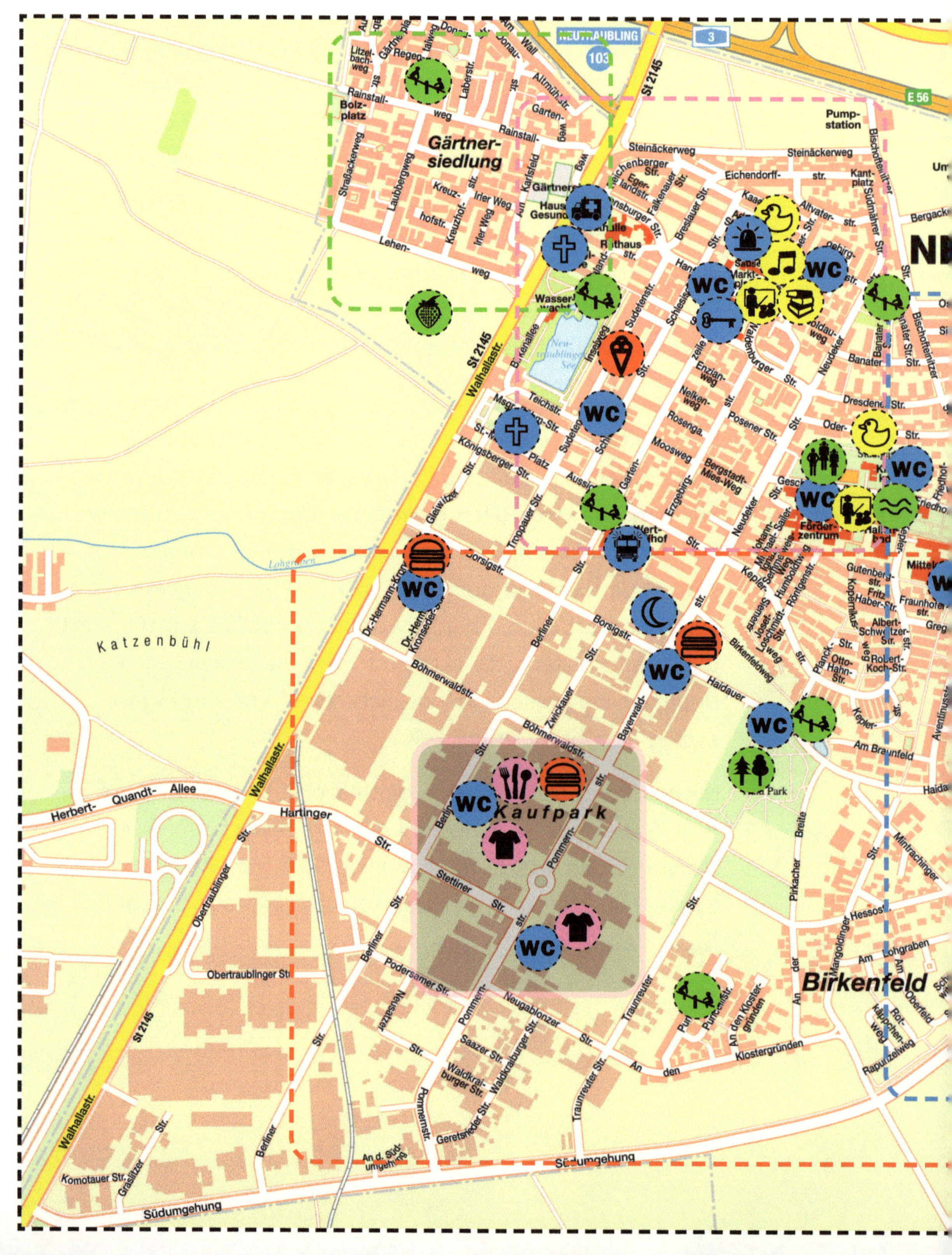

NEUTRAUBLING
103
3
E 56
St 2145
St 2145
Pumpstation
Bischofsmünster
Um
Gärtnersiedlung
Litzelbachweg
Bolzplatz
Straßäckerweg
Laubbergweg
Kreuzhofstr.
Irler Weg
Lehen-
Kreuz-
hofstr.
Irler Weg
weg
Auf Karlsfeld
Gärtnerei
Haus Gesund
Rainstall-weg
Rainstall-weg
Gärten-weg
Gärten-
Reichenberger Str.
Steinäckerweg
Steinäckerweg
Eger-landstr.
Falkenauer
Breslauer Str.
Eichendorff-str.
Kaad
Altvater-str.
Kantplatz
Bergacker
NE
Hans-
Schlesier
Teiler
Nabenburger Str.
Neudeker
Banater Str.
Banater
Dehirg
Bischofsnitzer Str.
Bischofsnitzer
Rathaus
str.
Wasserwacht
Sudetenstr.
Sudeten
Birkenallee
Insberg
St 2145
Walhallastr.
Neu-traublinger See
Teichstr.
Msgr-Hierlm-Str.
St.-M-
Königsberger Platz
St.-Michael
Enzian-weg
Nelken-weg
Rosenga-
Moosweg
Posener Str.
Oder-
Dresdener Str.
Sanse Markt-platz
Goldau-weg
Banater Str.
Gleiwitzer
Königsberger Str.
Tropauer Str.
Aussig
Garten-
Ergebirg-
Bergstadt-Mies-Weg
Geschw.
Neudeker
Kopernikus
Oder-
K.
Friedhof
Förder-zentrum
Hall
Mittel
Gutenberg-str.
Fritz-Haber-Str.
Fraunhofer
Albert-Schweitzer-Str.
Greg
Planck-
Otto-Hahn-Str.
Robert-Koch-Str.
Kepler
Aventinuspa
Werth-hof
Dorsigstr.
Dr.-Hermann-Kron-
Dr.-Herm-Kronseder-S
Berliner
Borsigstr.
Böhmerwaldstr.
Borsigstr.
Haidauer
Birkenfeldweg
Böhmerwaldstr.
Zwickauer
Bayerwald-
Bayerwald-
Am Braunfeld
Park
Katzenbühl
Lohgraben
Walhallastr.
Herbert- Quandt- Allee
Hartinger
Str.
Obertraublinger
Str.
Obertraublinger Str.
St 2145
Berliner
Stettiner Str.
Str.
Kaufpark
Pommern-
Pommern-
Pommern-
Pirkacher
Breite
Mintrachinger
Hessos
Haida
Birkenfeld
Podersamer Str.
Jezirschen
Neugablonzer Str.
Traunreuter Str.
Puri
An den Kloster-gründen
An den Klostergründen
Oberfeld
Rapunzelweg
Rot-käppchen-weg
Komotauer Str.
Grasitzer
Saazer Str.
Waldkrai-burger Str.
Waldkrauburger Str.
Geretsrieder Str.
An d. Süd-umgehung
Süd-umgehung
Südumgehung
Südumgehung
Walhallastr.
Berliner

Unterheising
RAUBLING
Heisinger Graben
3
E 56
Von-Miller-Str.
Liebigstr.
Von-Miller-Str.
Heinestr.
Gewerbe- und Industriegebiet
Oberheisinger
Str.
Oberheisinger
Oberheising
Ostumgehung
Adenauer- Str.
Kurt-Georg-Kiesinger-Str.
Konrad-
-periode-
Eleonore-Mayer-
Str.
Erhard-
Str.
Gottfr-Kölwel-Str.
Leonhard-Dennoger-Str.
Heising
Europastr.
Fürst-
Johannes-
Ring
Str.
Hans-
Sachs-
Carl-
Orff-
Str.
Str.
Hans-Leind-
Kneipp-
Str.
Str.
Sebastian-
Str.-
Barbinger
Hans-Herget-Str.
Hans-Herbert-
Scholz-
Str.
Rosenhofer
Str.
Dachselplatz
urger Str.
Asam-
weg
Str.
Str.
Moosgraben-
Georg-Britting-
D.-Bon-
hoeffer-
Str.
Oth.-Abel-
Str.
Max-
Reger-
str.
Pt.-
Str.
Hallenbad
(Bau)
Schule zur
Erziehungshilfe
St. Vincent
chen f.
Str.
WC
WC
Sport
Spielsport +
Kensport-
anlage
Minigolf
Gymnasium
Kleingarten-
anlage
Gerhart-Hauptmann-Str.
Tennis-
anlage
LKW
Bolzplatz
Altdorfer-
Tilman-
Riemen-
schneider-
Str.
Adolph-v-
Menzel-
Str.
Peter-
Parler-
Skate-
boardbahn
Roritzer-
Klenze-
str.
Str.
Weiheracker
An der
Kreuzbreite
See
Nah-
Bad
erholungs-
Guggen-
berger
Sand-
strand
n der
scheuer-
breite
Bolz-
platz
Surfschule
gebiet
An der Kreuzbreite
Ostumgehung
See
Hunde-
weiher
WC
Innenstadt
Gärtnersiedlung
Heising
Gewerbepark
und Birkenfeld

Spielplätze in Neutraubling – DER Platz für Kinder

**Es ist schönes Wetter und du möchtest rausgehen, aber deine Freunde sind nicht zu Hause? Macht nichts! Trau dich und probiere mal einen Spielplatz aus! Bestimmt sind dort Kinder, die dich mitspielen lassen.
Hier meine Übersicht der schönsten Plätze. Weitere Spielplätze findet ihr in den Karten der Ortsteile. Ich wünsche dir viel Spaß an der frischen Luft!**

Name / Ortsteil	Alter	Sand	Schaukel	Rutsche	Wasser	Klettergerüst	Wippe	Schatten
Feuerwehrspielplatz / Innenstadt	1–12	x	x	x	x		x	x
Seespielplatz / Innenstadt	1–12	x	x	x		x	x	
Abenteuerspielplatz / Innenstadt	1–12	x	x	x		x		
An der Kreuzbreite / Heising	1–16	x	x	x	x	x	x	
Wasserspielplatz Max-Reger-Str. / Heising	1–6	x	x	x	x	x		x
Puricellistraße / Gewerbepark und Birkenfeld	1–12	x	x	x	x	x		
Feldspielplatz / Gewerbepark und Birkenfeld	1–6	x	x	x		x	x	

Die Innenstadt

Neutraubling wurde erst nach dem Zweiten Weltkrieg als eine Siedlung für deutsche Flüchtlinge und Vertriebene aus den ehemaligen Ostgebieten gegründet. Davor war der Bereich der Innenstadt ein Militärflugplatz und hier wurden Flugzeuge montiert. Aus dieser Zeit stammen das Rathaus (damals das Offizierscasino), der Schlangenbau (damals die Unterkünfte der Mannschaften) und der Löschsee.

Die neueren Gebäude beherbergen alles, was eine Stadt so braucht: Schulen und Kinderbetreuung, Bücherei, Kirchen, Läden und vieles mehr.

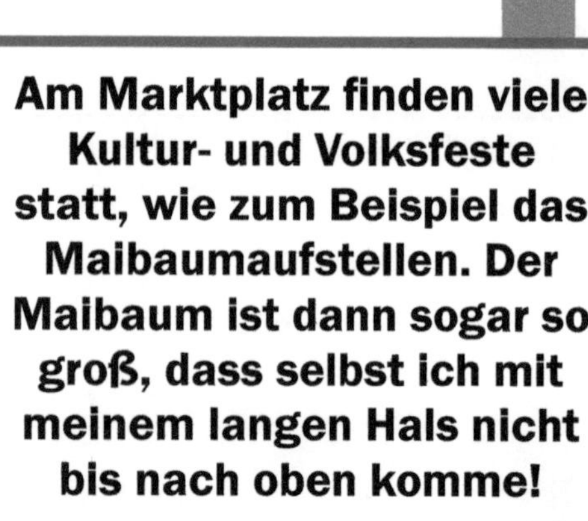

 Entdecke deine Stadt

Gärtner-
-edlung
Rainstall-
Weg
Karlsfeld
Am Karlsfeld
Irler Weg
Kreuz-
Kreuzhof-
Irler Weg
weg
St 2145
Wallastr.
Gärtnerei
Haus d.
Gesundheit
Krabbel-
stube
Wasser-
wacht
Neu-
traublinger
See
Regensburger
Stadthaus
Reichenberger
Str.
Eger-
landstr.
Falkenauer
Steinäckerweg
Breslauer Str.
Eichendorff-
str.
Kaadener
Str. Edith-
Stifter- Stank-Str.
Str.
Ad.-
Sudeten
zeile
Hanns-
sische
Str.
Schulstr.
Waldenburger
Str.
Enzian-
weg
Nelken-
weg
Steinäckerweg
Station
Bischofteinitzer
Südmährer Str.
Kant-
platz
Altvater-
str.
gebirg-
str.
Riesen-
str.
Moldau-
weg
Neudeker
Banater
Str.
Banater
Dresdener Str.
Oder-
Neiße-
Stadtgarten
Jugend-
treff
Kinder-
krippe
Geschwister-
Scholl-
Str.
schule
Förder-
zentrum
Hallen-
bad
Gutenberg-
str.
Fritz-
Haber-Str.
Albert-
Schweitzer-
Str.
Robert-
Koch-S.
Otto-
Hahn-
Planck-
Str.
Kopernikus-
weg
Röntgenstr.
Humboldtweg
Johann-
Michael-
Ignaz-
Sailer-
Weg
Semmelweis-
Weg
Josef-
Loschmidt-
Str.
Siemens-
str.
Kepler-
str.
Birkenfeldweg
Neudeker
Str.
Bergstadt-
Mies-Weg
Rosenga.
Posener Str.
Mooseg
Erzgebirg-
str.
Wert-
stoffhof
Borsigstr.
Berliner
Str.
Borsigstr.
Troppauer Str.
Königsberger Str.
St.-Michael- Platz
Böhm-Str.
Teichstr.
Ausseenstr.
Schlesische
Str.
Garten-
str.
Maria-
platz
Kiga
und
Arztehs.
Günther-
Str.
Kaadener
Str.

Nr.	Was?	Wo?	Telefon	Öffnungszeiten
1	Staatliche Realschule Neutraubling	Johann-Michael-Sailer-Straße 20	09401/8819280	Mo-Do: 7:30–16:00, Fr: 7:30–13:00
2	Josef Hofmann Grundschule Neutraubling	Schulstraße 1	09401/53941851	Mo-Do: 7:30–12:30, Fr: 7:30–11:30 (Sekretariat)
3	Musikschule Stadt Neutraubling	Schulstraße 1	09401/5394180	Mo, Mi–Do: 8:00–12:00, Di: 8:00–13:00, 13:30–16:00
4	Kindergarten St. Michael	Gartenzeile 1	09401/2200	Mo–Fr: 7:00–16:00
5	Kindergarten Sausewind	Edith-Frank-Straße 8	09401/8404	Mo–Fr: 7:15–17:00
6	Städtische Krabbelstube	Uhlandstraße 5a	09401/911416	Mo–Fr: 7:15–17:00
7	Kath. Kindergarten St. Gunther	Monsignore-Böhm-Straße 3	09401/8185	Mo–Fr: 7:00–17:00
8	Kinderkrippe Moby Dick	Geschwister-Scholl-Straße 23	09401/5398143	Mo–Fr: 7:15–17:00
9	Städtischer Kinderhort Neutraubling	Sudetenstraße 1	09401/5397090	Mo–Fr: 11:20–17:00
10	Sonderpädagogisches Förderzentrum Neutraubling	Geschwister-Scholl-Straße 4	09401/5269750	Mo-Do: 8:00–16:00, Fr: 8:00–11:15

Nr.	Was?	Wo?	Telefon	Öffnungszeiten
1	Jugendtreff Neutraubling	Geschwister-Scholl-Straße 21	09401/5398206	Mo–Mi: 15:00–19:00, Do–Fr: 15:00–21:00
2	iDanZz-Tanzkunstschule	Aussiger Straße 11	09401/8985959	Mo: 17:00–22:00, Di–Fr: 14:30–22:00

3	BRK Wasserwacht Ortsgruppe Neutraubling	Birkenallee 6	09401/3333	Do: 20:00–22:00
4	Seespielplatz	Inselweg		
5	Abenteuerspielplatz	Neudeker Straße 20		
6	Feuerwehrspielplatz	Aussiger Straße 1		

1	Eiscafé Iglu	Sudetenstraße 20	09401/80217	Mo–So: 11:00–20:30
2	Restaurant Stadtmitte Neutraubling	Sudetenstraße 6	09401/5299299	Mo, Mi–Fr: 11:00–14:00, 17:00–23:00, Sa–So: 11:00–23:00
3	Restaurant Hotel am See	Teichstraße 6	09401/9460	Di–So: 11:00–22:00
4	Alexis Sorbas	Sudetenstraße 3	09401/1339	Di–Fr, So: 11:00–14:00, Sa: 17:00–23:00
5	Senol's See Stüberl	Teichstraße 2A	0172/2842908	Di–So: 0:00–24:00
6	Contigo	St.-Michaels-Platz 8	09401/5339884	Mo, Mi–So: 11:30–14:00, 17:30–22:00
7	Dolce Vita	Neudeker Straße 8		Mo–So: 10:00–22:00
8	Bäckerei Ebner	Waldenburger Straße 9	09401/2399	Mo–Fr: 6:00–18:00, Sa: 6:00–13:00, So: 7:30–10:30

9	**Ratskeller**	**Regensburger Straße 11**	09401/3642	**Mo–So: 11:00–14:00, 17:00–23:00**
10	**Vu Asia Imbiss**	**Sudetenstraße 40**	09401/8819115	**Di–Fr, So: 11:00–14:00, 17:00–22:00, Sa: 17:00–22:00**
11	**Pizzeria Al Gabbiano**	**Schlesische Straße 46**	09401/1068	**Di–So: 11:00–23:00**
12	**Pizza&Pasta Roma**	**Sudetenstraße 32**	09401/1620	**Mo–Di, Do–So: 11:30–14:00, 17:30–22:00**
13	**Café Törtchen**	**Schlesische Straße 25**	09401/9189016	**Mo–Fr: 7:00–18:00, Sa–So: 10:00–18:00**
14	**Cafe Bistro am Marktplatz**	**Marktplatz**		

1	**Rathaus**	**Regensburger Straße 9**	09401/8000	**Mo–Fr: 8:00–12:00 Di–Do: 8:00–12:00, 13:00–18:00**
2	**Polizei Neutraubling**	**Marktplatz 1**	09401/93020	**Mo–So: 0:00–24:00**
3	**Katholische Kirche St. Michael**	**St.-Michaels-Platz 6**	09401/1253	**Mi: 13:00–17:00, Di, Do, Fr: 8:00–10:00**
4	**Lutherkirche**	**Uhlandstraße 4**	09401/1290	**Mo–Fr: 9:00–12:00, Mi: 16:30–17:30**
5	**Haus der Gesundheit**	**Regensburger Straße 13**	09401/5283256	**Mo–Fr: 7:30–18:00**

     Entdecke deine Stadt

1	TEDi	Anton-Günther-Straße 2	0231/555770	Mo–Fr: 9:00–19:00, Sa: 9:00–14:00
2	Wochenmarkt	Marktplatz		Fr: 8:00–12:30
3	Netto	Neudeker Straße 2	0800/200015	Mo–Sa: 7:00–20:00
4	Adler Apotheke	Sudetenstraße 34	09401/1054	Mo–Do: 8:00–19:00, Fr: 8:00–18:30, Sa: 8:00–13:00
5	Kramerladen und Feinkost	Sudetenstraße 40	09401/9185331	Mo–Fr: 8:30–19:00, Sa: 8:30–18:00

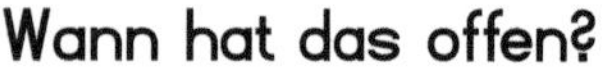 # Grundschule

Was kannst du hier machen?
Kinder von der ersten bis zur
vierten Klasse lernen hier
gemeinsam.

Was ist das Besondere hier?
Nach dem Unterricht können Kinder
noch in der Mittagsbetreuung
bleiben.

Wo ist das?
Schulstraße 1

Wann hat das offen?
Montag bis Donnerstag 7:30 bis 12:30 Uhr, Freitag 7:30 bis 11:30 Uhr
(Sekretariat), Samstag und Sonntag geschlossen

Wie komme ich hin?
Auto, Fahrrad, Haltestelle „Marktplatz"

Wie alt sollte ich sein?
6 bis 10 Jahre

✛ Kirche St. Michael

Was kannst du hier machen?
Jeden Samstag um 18:00 Uhr,
Sonntag um 9:00 und um 10:30 Uhr
ist Gottesdienst. Dazu ist jeder
eingeladen!

Was ist das Besondere hier?
In der Kirche kannst du mal zur
Ruhe kommen, wenn es sehr
hektisch wird. Ganz sicher findest
du hier auch jemanden, mit dem du
reden kannst.

Wo ist das?
St.-Michaels-Platz 4

Wann hat das offen?
Die Zeiten aller Angebote findest du im Internet.

Wie komme ich hin?
Auto, Fahrrad, Haltestelle „Feuerwehr"

Wie alt sollte ich sein?
alle Altersstufen

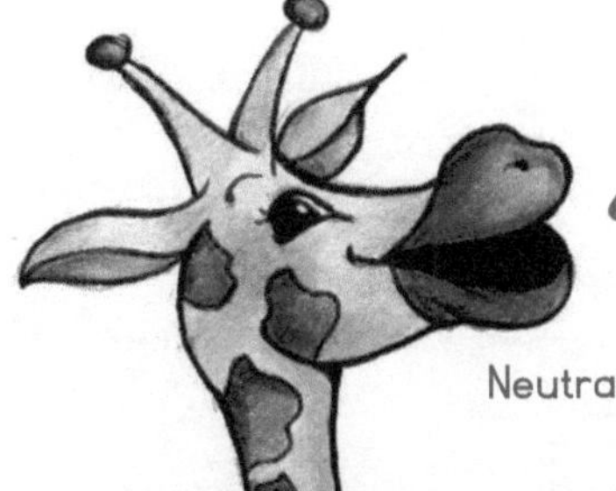

 Löschsee

Was kannst du hier machen?
Hier kannst du baden und spielen.

Was ist das Besondere hier?
Der See ist flach und der Spielplatz
riesig. Auch ein paar Kunstwerke
gibt es. Bitte denk daran, dass das
Entenfüttern verboten ist.

Wo ist das?
Nähe Birkenallee

Wann hat das offen?
immer

Wie komme ich hin?
Auto, Fahrrad, Haltestellen „Rathaus"
oder „Feuerwehr"

Wie alt sollte ich sein?
alle Altersstufen

 Lutherkirche

Was kannst du hier machen?

Jeden Sonntag ist um 10:00 Uhr Gottesdienst in der evangelischen Lutherkirche. Dazu ist jeder eingeladen! Es gibt auch besondere Angebote für Kinder: Kinder- und Familiengottesdienste, Kinderkino und Bibelwoche.

Was ist das Besondere hier?

In der Kirche kannst du mal zur Ruhe kommen, wenn es sehr hektisch wird. Ganz sicher findest du hier auch jemanden, mit dem du reden kannst.

Wo ist das?

Uhlandstraße 4

Wann hat das offen?

Die Zeiten aller Angebote findest du im Internet.

Wie komme ich hin?

Auto, Fahrrad, Haltestelle „Rathaus"

Wie alt sollte ich sein?

alle Altersstufen

Schlangenbau

Was kannst du hier machen?
Das ist ein Wohngebäude mit Geschäften (Fotograf, Versicherung, Hochzeitskleidung, Kosmetik) und Restaurant in den Erdgeschossen. Gleich neben dem Gebäude ist ein öffentliches WC.

Was ist das Besondere hier?
Im Dezember stehen hier auf der Neutraublinger „Weihnachtsmeile" 24 Tannenbäume. Jeder Verein darf einen schmücken.

Wo ist das?
Sudetenstraße

Wann hat das offen?
Geschäfte und Restaurants unterschiedlich

Wie komme ich hin?
Auto, Fahrrad, Haltestelle „Rathaus" oder „Aussiger Straße"

Wie alt sollte ich sein?
alle Altersstufen

 # Stadtbücherei

Was kannst du hier machen?
Ob Fantasy, Krimis oder Sachbücher – hier ist alles geboten. Fast 20.000 verschiedene Medien sorgen für eine einzigartige Auswahl.

Was ist das Besondere hier?
Die Bücherei verleiht nicht nur Bücher, sondern auch CDs, Tonies und Gesellschaftsspiele. Freitags ab 15:30 Uhr ist Vorlesestunde für Vorschulkinder.

Wo ist das?
Schulstraße 3

Wann hat das offen?
Dienstag 15:00 bis 19:00 Uhr,
Mittwoch 10:00 bis 13:00 Uhr,
Donnerstag 14:00 bis 19:00 Uhr,
Freitag 15:00 bis 18:00 Uhr

Wie komme ich hin?
Auto, Fahrrad, Haltestelle „Marktplatz"

Wie alt sollte ich sein?
alle Altersstufen

Die Gärtnersiedlung

Die Gärtnersiedlung ist eine Gründung der Nachkriegszeit. Dort wurden seit 1948 von der Bayerischen Landessiedlung Bauern aus den ehemaligen deutschen Ostgebieten angesiedelt. Außerdem prägten zahlreiche Gärtnereien das Bild der Siedlung, deshalb auch der Name „Gärtnersiedlung".

Am Wall
Vilsweg
Am Wall
Aubachweg
Naabstr.
Gärtner-platz
Gärtnerplatz
Donau-talweg
Donau-str.
Am Donau-str.
Altmühlstr.
NEUTRAUBL
103
Litzel-bach-weg
Regen-
Laberstr.
Garten-weg
Rainstall-
Bolz-platz
weg
Rainstall-
Gärtner-siedlung
Straßackerweg
Laubbergweg
Kreuz-
Irler Weg
str.
Am Karlsfeld
Gärtnerei
Haus d. Gesundheit
Regen
Reic
Lehen-
hofstr.
Kreuzhof-
Irler Weg
weg
Stadthal
Rath
Krabbel-stube
Uhlandstr.
Wasser-wacht

Nr.	Was?	Wo?	Telefon	Öffnungszeiten
1	Spielplatz 1	An der Laberstraße		
2	Spielplatz 2	An der Naabstraße		
3	Spielplatz 3	Am Straßackerweg		
4	Bolzplatz	Am Rainstallweg		
5	Erdbeerfeld	Lehenweg 8–10	09423/943350	Mo–So (in der Saison): 9:00–19:00

Nr.	Was?	Wo?	Telefon	Öffnungszeiten
1	Hotel am Gärtnerplatz	Gärtnerplatz 12	09401/9440	Mo–Do: 11:00–14:00 und 17:00–22:00

Nr.	Was?	Wo?	Telefon	Öffnungszeiten
1	Netto-Supermarkt	Rainstallweg 2b	0800/2000015	Mo–Sa: 7:00–20:00
2	Blumen und Floristik Pesth Neutraubling	Rainstallweg 1	09401/2722	Mo–Fr: 8:00–18:00

Hier kannst du aufschreiben, was dir wichtig ist.

Heising

Heising gehörte viele Jahrhunderte der Familie Thurn und Taxis. Seit dem Jahr 2000 entstand hier ein neuer Stadtteil. Viele junge Familien sind seitdem nach Heising gezogen. Es gibt viele Spielplätze und einen Kindergarten.

 Entdecke deine Stadt

NEUTRAUBLING
Umspann-werk
Kant-platz
Bergackerweg
Südmährer Str.
Ostpreußenstr.
Siebenbürgenstr.
Bischofteinitzer Str.
Barbinger
Banater Str.
Banater Str.
Banater
Dresdener Str.
Dresdener Str.
Oder-Neiße-Str.
Oder-Neiße-Str.
Heising
Europastr.
Fürst-Johannes-Ring
Kurt-Georg-Kiesinger Str.
Adenauer- Str.
Erhard- Str.
Eleonore-M. Str.
Gottfr.-Kölwel-Str.
Leonhard-Deininger-Str.
Oberheisinger Str.
Gewerbe- und Industriegebiet
Oberheising
Rosenhofer Str.
Hans-Herget-Str.
Herbert- Scholz-
Hans- Sachs-
Carl-Orff-
Sebastian- Kneipp-
Leinb.
Hans-
Brandenburger Str.
Balthasar-
Friedhof-weg
Friedhofweg
Dientzen-hoferw.
Asam- Str.
Neumann-
Gutenberg-str.
Fritz-Haber-Str.
Fraunhofer-str.
Kopernikus-
Albert-Schweitzer-Str.
Gregor-
Mendel- Str.
Robert-Koch-Str.
Otto-Hahn-Str.
Kepler-
Am Braunfeld
Aventinusstr.
Albertus-Magnus-Str.
Günther-weg
Emmer-amsweg
Albrecht-
schneider- Str.
Tilman-Riemen-
Menzel- Str.
Adolph-v.-
Altdorfer-
Peter-
Parler-
Roritzer- Str.
Klenzestr.
Haidauer
Haidauer Str.
Gerhart-Hauptmann-Str.
Sportflächen f. Gymnasium
Kleingarten-anlage
Schule zur Erziehungshilfe St. Vincent
Max- str.
D.-Bon-hoeffer-
Georg-Britting-Pf.-Str.
Oth.-Abel-Str.
Reger-
Am Sportpark
Schulsport + Breitensport-anlage
Minigolf
LKW
Skateboardbahn
Mintrachinger Str.
Haidauer
Am acker
Weiher-
Sichel-krumm
Weiheracker
Am der Kreuzbreite
An der Scheuer-breite
An der Kreuzbreite
Ostumgehung
Mangoldinger Hessostr.
Am Lohgraben
Am Lohgraben
Oberfeld
Schnee-wittchen-weg
Sterntalerweg
Rot-käppch.
Birkenfeld
Nah-erholungs-gebiet
Surfschule
Guggen-berg-See
See
Bad
Sand-strand
Kinder-krippe
Hallen-bad
Mittelschule
Gymnasium
Schul-
Freibad (in Bau)
Bolzplatz
Bolzplatz
Tennis-anlage
Kindergarten
13
2
3
7
6
5
4
1
12
7
6
11
15
14
3
4
8
5
1
2
2
3
9
10
1

Nr.	Was?	Wo?	Telefon	Öffnungszeiten
1	Kindergarten Heising	Barbinger Straße 2	09401/80790	Mo–Fr: 7:15–17:00
2	Kinderkrippe „Moby Dick"	Geschwister-Scholl-Straße 23	09401/5398143	Mo–Fr: 7:15–17:00
3	Realschule	Johann-Michael-Sailer-Straße 20	09401/8819280	Mo–Fr: 7:30–16:00
4	Gymnasium	Gregor-Mendel-Straße 5	09401/522500	Mo–Fr: 7:00–17:00
5	Mittelschule	Keplerstraße 82	09401/92200	Mo–Fr: 7:00–17:00
6	Schule zur Erziehungshilfe St. Vincent (im Bau)	An der Haidauer Straße		
7	Sonderpädagogisches Förderzentrum	Geschwister-Scholl-Straße 4	09401/5269750	Mo–Do: 7:30–17:00 Fr: 8:00–11:00

Nr.	Was?	Wo?	Telefon	Öffnungszeiten
1	Minigolf	Am Sportpark 3	09401/4848	Sommer: Mo–Fr: 14:00–20:30, Sa: 12:00–20:30, So: 10:00–20:30
2	Skateboardbahn am Guggi	Nordseite Guggenberger See		
3	TSV-Gelände	Am Sportpark 1	09401/7639	Di, Mi, Fr–So: geschlossen Mo: 10:00–14:00 Do: 10:00–12:00
4	Bolzplatz	Hinter Menzelstraße		
5	Bolzplatz / Spielplatz	An der Kreuzbreite		

Nr.	Name	Adresse	Telefon	Öffnungszeiten
6	Hallenbad	Keplerstraße 33	09401/2377	Di, Fr: 14:00–20:00, Mi: 14:00–21:00, Do: 14:00–21:00, Sa: 9:00–18:00, So: 9:00–12:30
7	Hallenbad (im Bau)	Haidauerstraße		
8	Tennisanlage	Moosgraben-straße 10	09401/2237	
9	Surfschule	Westseite Guggenberger See	0172/1067988	

Nr.	Name	Adresse	Nr.	Name	Adresse
10	Guggenberger See		13	Abenteuerspielplatz	Neudekerstraße
11	Wasserspielplatz	Max-Reger-Straße	14	Spielplatz	Gottfried-Kölwel-Straße
12	Spielplatz	Moosgraben-straße	15	Spielplatz	Sebastian Kneipp-Straße

Nr.	Name	Adresse	Telefon	Öffnungszeiten
1	Cantina Bar	Weststrand	0171/2760555	wetterabhängig
2	Café Seeblick	Nordstrand	09401/915178	Sommer: Mo–So: 10:00–22:00
3	Guggi Beach (Kiosk)	Oststrand		wetterabhängig
4 / 3	Vereinsgaststätte TSV Neutraubling	Am Sportpark 1	09401/5257160	Montag: geschlossen Di–Sa: 11:00–14:00, 17:00–22:30 So: 11:00–22:30
5 / 8	Tennisstüberl Neutraubling	Moosgraben-straße 10	09401/2237	Mo–Fr: ab 16:00 Sa: ab 12:00 So u. Feiertage: ab 11:00

≈ (WC) Guggi – Guggenberger Weiher

Was kannst du hier machen?

Im und auf dem See kannst du baden, tauchen, segeln oder surfen. Du kannst aber auch einen Rundgang um den See machen, Beachvolleyball spielen oder einfach in der Sonne liegen.

Was ist das Besondere hier?

Sport wird am Guggi großgeschrieben. Und für Familien mit Kleinkindern gibt es einen Sandstrand zum Buddeln. Falls du Hunger hast: Der Guggi bietet Grillplätze, ein Strandcafé, einen Kiosk sowie die Cantina Bar. Auch ein WC findest du dort.

Wo ist das?

an der Mintrachinger Straße

Wann hat das offen?

rund um die Uhr; Badesaison 1.5. bis 15.9.

Wie komme ich hin?

Auto, Fahrrad, Haltestelle „Guggenberger See" (dann 1 Kilometer Fußweg)

Wie alt sollte ich sein?

alle Altersstufen

 Hallenbad

Was kannst du hier machen?
Kinder können hier baden und schwimmen. Schulschwimmen findet hier auch statt.

Was ist das Besondere hier?
Das Schwimmbad hat ein Becken extra für Kinder, es gibt auch Schwimmgeräte zum Ausleihen. An einem kleinen Kiosk gibt es Kleinigkeiten zum Essen oder ein Eis.

Wo ist das?
Keplerstraße 33

Wann hat das offen?
Dienstag, Freitag 14:00 bis 20:00 Uhr,
Mittwoch 14:00 bis 21:00 Uhr;
Donnerstag 14:00 bis 18:00 Uhr,
Samstag 9:00 bis 18:00 Uhr,
Sonntag 9:00 bis 12:30 Uhr (Oktober bis Mai).
In den Sommerferien bleibt das Bad geschlossen.

Wie komme ich hin?
Auto, Fahrrad, Haltestellen „Mittelschule",
„Friedhofweg" oder „Realschule"

Wie alt sollte ich sein?
alle Altersstufen

 Sportanlage (TSV-Gelände)

Was kannst du hier machen?
Hier kannst du als Mitglied des TSV Neutraubling Fußball oder Volleyball spielen, außerdem gibt's eine Minigolfanlage.

Was ist das Besondere hier?
Beim Minigolf werden sogar Meisterschaften ausgetragen.

Wo ist das?
Am Sportpark 1

Wann hat das offen?
Trainingszeiten der Vereinsmannschaften findest du im Internet. Minigolfanlage März bis Oktober: immer 14:00 bis 19:00 Uhr, Samstag ab 12:00, Sonntag ab 10:00.

Wie komme ich hin?
Auto, Fahrrad, Haltestelle „Guggenberger See"

Wie alt sollte ich sein?
ab 6 Jahre

Woche	Montag	Dienstag	Mittwoch	Donnerstag	Freitag	Samstag	Sonntag

Gewerbegebiet und Birkenfeld

Birkenfeld hieß früher Pirka. Erst wohnten
dort Bauern, dann wurde ein Militärflugplatz
gebaut. Heute ist der Stadtteil ein Wohngebiet.
Das Gewerbegebiet wurde auf dem ehemaligen
Flugplatzgelände errichtet und beherbergt viele
Geschäfte, Arztpraxen und Firmen.

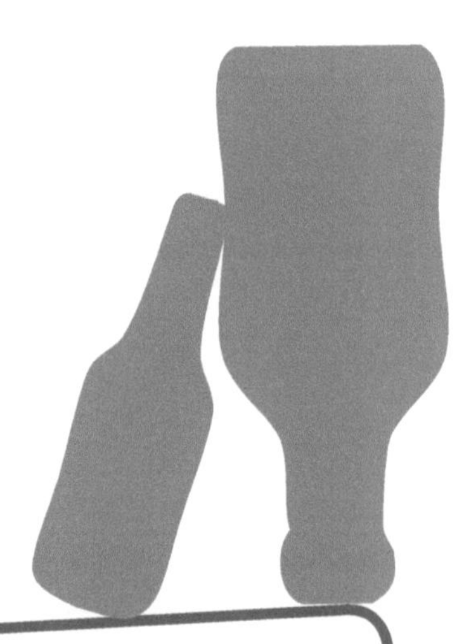

NEUTRAUBL
Katzenbühl
Kaufpark
Haid Park
Birkenfeld
Sportzentrum Obertraubling
Heising
Walhallastr.
St 2145

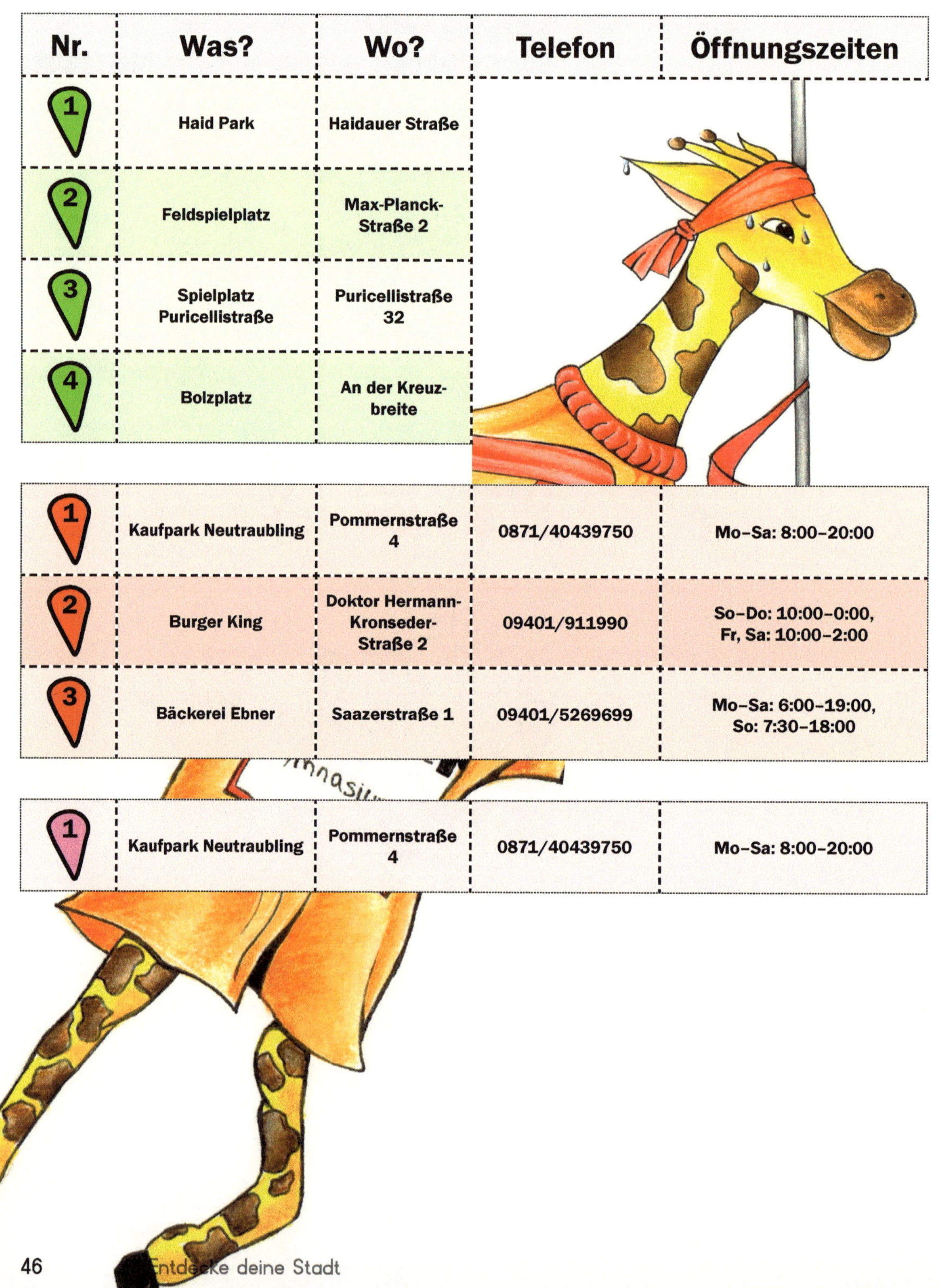

Nr.	Was?	Wo?	Telefon	Öffnungszeiten
1	Haid Park	Haidauer Straße		
2	Feldspielplatz	Max-Planck-Straße 2		
3	Spielplatz Puricellistraße	Puricellistraße 32		
4	Bolzplatz	An der Kreuzbreite		

Nr.	Was?	Wo?	Telefon	Öffnungszeiten
1	Kaufpark Neutraubling	Pommernstraße 4	0871/40439750	Mo–Sa: 8:00–20:00
2	Burger King	Doktor Hermann-Kronseder-Straße 2	09401/911990	So–Do: 10:00–0:00, Fr, Sa: 10:00–2:00
3	Bäckerei Ebner	Saazerstraße 1	09401/5269699	Mo–Sa: 6:00–19:00, So: 7:30–18:00

Nr.	Was?	Wo?	Telefon	Öffnungszeiten
1	Kaufpark Neutraubling	Pommernstraße 4	0871/40439750	Mo–Sa: 8:00–20:00

Entdecke deine Stadt

Hier kannst du aufschreiben, was dir wichtig ist.

 Haid Park

Was kannst du hier machen?
Du kannst hier spazieren gehen, entspannen, Fangen, Verstecken oder Ball spielen, und wenn du danach ganz aus der Puste bist, kannst du ein schönes Picknick mit Eltern oder Freunden machen.

Was ist das Besondere hier?
Der Park ist eine künstlich geschaffene Natur- und Erholungslandschaft. Hier gibt es viele Pflanzen und Tiere. Die Bäume spenden im Sommer schön viel Schatten.

Wo ist das?
Haidauer Straße sowie entlang der Straße An der Pirkacher Breite (dort auch Parkplätze und WC)

Wann hat das offen?
rund um die Uhr

Wie komme ich hin?
Auto, Fahrrad, Haltestelle „Am Braunfeld"

Wie alt sollte ich sein?
alle Altersstufen

    # Kaufpark

Was kannst du hier machen?
Hier findest du viele Geschäfte zum Shoppen.

Was ist das Besondere hier?
Zusammen mit deinen Eltern kannst du dort neue Spielsachen und Bücher kaufen. Und eine Kinderbetreuung gibt es auch.

Wo ist das?
Pommernstraße 4

Wann hat das offen?
Montag bis Samstag von 8:00 bis 20:00 Uhr

Wie komme ich hin?
Auto, Fahrrad, Haltestelle „Pommernstraße"

Wie alt sollte ich sein?
alle Altersstufen

Krones

Was kannst du hier machen?
Deine Eltern von der Arbeit abholen.

Was ist das Besondere hier?
Krones ist fast überall in
Neutraubling zu entdecken. Und
wenn du größer bist, kannst du
bei Krones ein Praktikum oder eine
Ausbildung machen.

Wo ist das?
Böhmerwaldstraße 5 (Haupteingang)

Wann hat das offen?
für die Öffentlichkeit nicht, gearbeitet
wird von Montag bis Freitag 6:00 bis
21:00 Uhr

Wie komme ich hin?
Auto, Fahrrad, Haltestelle „Zwickauer
Straße"

Wie alt sollte ich sein?
ab 7 Jahre in Begleitung der Eltern

 # Moschee

Was kannst du hier machen?
Zu den Gebetszeiten kannst du als Muslim/
Muslima die Moschee besuchen. Wenn du als
Nicht-Muslim/Muslima die Moschee besuchen
willst, solltest du dich vorher anmelden.

Was ist das Besondere hier?
Neben dem Gebet treffen sich die
Menschen hier auch für kulturelle
Veranstaltungen.

Wo ist das?
Bayerwaldstraße 4

Wann hat das offen?
Die Öffnungszeiten sind auf der
Homepage der Islamischen Gemeinde
einsehbar. (ditib-neutraubling.de)

Wie komme ich hin?
Auto, Fahrrad, Haltestelle „Borsigstraße"

Wie alt sollte ich sein?
alle Altersstufen

Mitmachseite: Mein Kinderstadtplan Neutraubling

Du hast eigene Lieblingsplätze in Neutraubling? Oder es sind neue Orte für Kinder entstanden? Zeichne deine Favoriten im Stadtplan ein und schreibe selbst kurze Steckbriefe zu den einzelnen Möglichkeiten.

NEUTRAUBLING
103
3
E 56
NEUTRAUBLING
Gärtner-
siedlung
Pump-
station
Umspann-
werk
Gewerbe- und
Oberheisinger
Oberheisin
Heising
Rosenhof
Stadtgarten
Jugend-
treff
Kinder-
krippe
Geschwister-
Scholl-
Realschule
Förder-
zentrum
Hallen-
bad
Hallenbad
(in Bau)
Schule zur
Erziehungshilfe
St. Vincent
Mittelschule
Gymnasium
Sportflächen f.
Gymnasium
Kleingarten-
anlage
Am
Sportpark
Schulsport +
Breitensport-
anlage
Tennis-
anlage
LKW
Bolzplatz
Skate-
boardba
Haid Park
Kaufpark
Nah-
erholungs-
Surfschule
Guggen-
berger
See
gebiet
Bolz-
platz
Birkenfeld
Südumgehung
Südumgehung
Wasser-
wacht
Haus d.
Gesundheit
Stadthalle
Rathaus
Krabbel-
stube
Gärtnerei
Bolz-
platz
See

Mitmachseite: Die Straße, in der ich wohne

Du hast Lust, gemeinsam mit FreundInnen und KlassenkameradInnen Neutraubling noch besser kennenzulernen? Dann schlagt eurem Lehrer/ eurer Lehrerin doch mal dieses spannende Schreibprojekt vor. Es heißt: Die Straße, in der ich wohne.

Jedes Kind malt und schreibt dazu:

1. Male die Straße, in der du wohnst. Du kannst auch den Teil malen, der dir besonders gefällt oder wichtig für dich ist. Vergiss die Leute nicht!

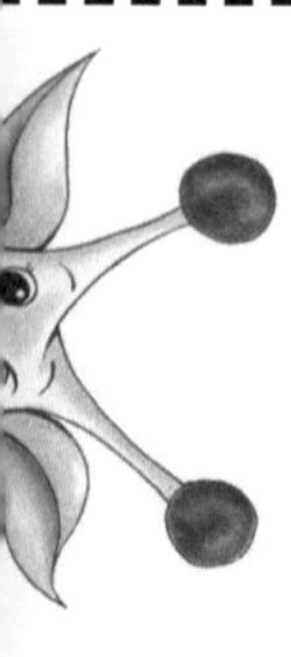

2. Beantworte jetzt folgende Fragen:

Wie heißt deine Straße?

Ist deine Straße groß oder klein? Breit oder schmal? Lang oder kurz?

Wie sehen die Häuser in deiner Straße aus und welche besonderen
Häuser gibt es dort?

Was ist in deiner Straße los?

Wer wohnt in deiner Straße?

Was magst du in deiner Straße am liebsten?

Was magst du an deiner Straße nicht?

Was soll es in deiner Straße noch geben?

3. Schreibe nun eine kleine Fantasiegeschichte zu deiner Straße. Du kannst dir vorstellen, was alles in deiner Straße passieren könnte.

Mache mit Freunden und Klassenkameraden einen Stadtrundgang, bei dem ihr euch gegenseitig etwas über eure Straßen erzählt, gestaltet zusammen eine Broschüre mit dem Titel „Die Straße, in der ich wohne" oder bittet eure örtliche Zeitung, eine Serie über die schönsten Straßen zu machen.

Mitmachseite: Raffis Labyrinth

Raffi hat viel getrunken und möchte auf dem schnellsten Weg zum WC.
Kannst du ihm helfen?

    Entdecke deine Stadt

Mitmachseite: Bilderrätsel

Im rechten Bild haben sich fünf Fehler eingeschlichen. Finde sie!

Mitmachseite: Raffi-Ausmalbild 1

   Entdecke deine Stadt

Mitmachseite: Raffi-Ausmalbild 2

Danksagung

Das P-Seminar Geographie des Gymnasiums Neutraubling dankt …

… Heinz Kiechle, Bürgermeister der Stadt Neutraubling, für seine Unterstützung, seine Offenheit gegenüber dem Projekt, sein offenes Ohr für unsere Anliegen und seine wichtigen Informationen zu unserem Kinderstadtführer.

… Tanja Schweiger, Landrätin des Landkreises Regensburg, für das Geleitwort, ihre Unterstützung und ihr echtes Interesse, das sie dem Projekt entgegenbrachte.

… Dr. Elmar Singer, Schulleiter des Gymnasiums Neutraubling, für deine Unterstützung, das Geleitwort und die Geduld mit unseren Anfragen.

… Sabine Mark, Rektorin der Grundschule Neutraubling, sowie den KollegInnen der Grundschule für die Zusammenarbeit. Sie haben es uns ermöglicht, die Kinder zu befragen, ohne die Wichtiges fehlen würde.

… Julia Rötzer, Sachbearbeiterin der Stadt Neutraubling, für die gelungene Zusammenarbeit. Sie hat mit ihrem Fachwissen geholfen, einzelne Informationen zu ergänzen, hat uns Bildmaterial zur Verfügung gestellt und vor allem auch wichtige Kontakte geknüpft, damit die Realisierung überhaupt erst möglich wurde.

… dem Verwaltungs-Verlag, insbesondere der zuständigen Mitarbeiterin Alexandra Liepert, der freundlicherweise die Kartendaten kostenlos zur Verfügung gestellt hat.

… Andrea Steinbach, Lehrerin am Goethe-Gymnasium Regensburg und Initiatorin sowie Autorin von „Regensburg mit Kindern entdecken", für erste Hilfestellungen und wichtige Tipps.

… Dr. Heike Wolter, für die Projektleitung und die produktive Unterstützung, vor allem aber auch für ihre Geduld, die klaren Hilfestellungen, den unermüdlichen auch nächtlichen Einsatz sowie den Glauben an die Umsetzbarkeit unseres Projektes.

... Dr. Caroline Oblasser, Verlagsleiterin der edition Riedenburg, die es uns ermöglicht hat, dieses Buch zu veröffentlichen.

... allen noch Ungenannten, die uns in irgendeiner Weise unterstützt haben, durch Zuhören, Ausleihen von Kameras, Korrekturlesen, Tipps und und und.

Ein besonderer Dank geht an unsere Sponsoren. In alphabetischer Reihenfolge:

Fetzer Apotheken

Landkreis Regensburg

Rewag. Regensburger Energie- und Wasserversorgung AG & Co KG

Stadt Neutraubling

Sylvia Stierstorfer, MdL

Uniklinikum Regensburg

Quellen und Literatur, Fotonachweise

Fotos

Objektfotos soweit nicht extra aufgeführt: Alex Fenchel

Elmar Singer: Jonas Hammerschmid

Heinz Kiechle: Stadt Neutraubling, Foto Graggo

Lutherkirche: Evangelisch-Lutherische Kirchengemeinde Neutraubling (Pfarrerin Ingrid Koschnitzke)

Moschee: Great Vector Elements/ Shutterstock.com

Stadtbücherei: Stadt Neutraubling, Julia Rötzer

Tanja Schweiger: Landratsamt Regensburg, Büro der Landrätin, Verena Bäumel

Illustrationen („Raffi"): Jasmin Roßmann

Karte der Stadt Neutraubling und Teilkarten: Verwaltungs-Verlag GmbH, Alexandra Liepert

Logos / Firmenfoto

Krones: Pressesprecher Peter Moertl

Landkreis: Landratsamt Regensburg

REWAG: Rewag AG und Co. KG, Monika Berger

Fetzer Apotheken: Walter Fetzer

Stadt Neutraubling: Julia Rötzer

Uniklinikum Regensburg: Susanne Koerber

Literatur
(www zuletzt aufgerufen am 16.1.2020)

Anthes, Ralph (2018): Spielplätze in Neutraubling finden. www.spielplatznet. de/spielplaetze/Neutraubling

Burgers, Maria: Das mampa-Land tobt sich aus. Spielplätze in Neutraubling. www.mampaverlag.de/spielplätze-in-der-region/neutraubling

Elkjaer-Larsen, Peter: Kinderspielplatz Aussiger Straße Neutraubling. www.kompan.de/kinderspielplatz-aussiger-strasse-neutraubling

Evangelisch-Lutherische Kirchengemeinde Neutraubling: Startseite. www.evangelisch-neutraubling.de

Fendl, Elisabeth (2012): Stadtbuch Neutraubling. Regensburg

Fendl, Josef/Klimek, Erich (1981): 30 Jahre Neutraubling. Regensburg.

Freischütz Niedertraubling e.V. (2019): Geschichte Niedertraublings. www.freischuetz-niedertraubling. de/Geschichte/Niedertraubling/ ortsgeschichte.htm

Jaumann, Michael (2017): Die ersten Eindrücke vom Haid-Park. www.mittelbayerische.de/region/ regensburg-land/gemeinden/ neutraubling/die-ersten-eindruecke- vom-haid-park-21395-art1525060.html

Kellner, Andreas (2013): Tags für Neutraubling. Spielplatz an der Kreuzbreite-Birkenfeld. https://www. deutschland123.de/neutraubling_ spielplatz-an-der-kreuzbreite- birkenfeld-1311806

Krawczyk, Oliver (2019): Kinderspielplatz Neutraubling. www.spielplatz-ok. de/index.php/kinderspielplatz- spielplaetze/285-bayern/ regensburg/25550-spielplatz-93073

Landratsamt Regensburg (2019): Erholungsgebiet Guggenberger See bei Neutraubling (EU-Badegewässer). www.landkreis-regensburg.de/ freizeit-tourismus/erleben/baden/ guggenberger-see

More Virtual Agency (2019): Aktivitäten am Guggenberger See, www.seen.de/ guggenberger-see/freizeitangebote

Schepp, Helga/Schepp, Berndt (2019): Region Regensburg-Straubing- Spielplätze. www.familien-freizeit- fuehrer.de/region-oberpfalz/oberpfalz- spielplätze-in-outdoor/spielplätze

Stadt Neutraubling (2019): Guggenberger See. www.stadt-neutraubling.de/kultur- und-freizeit/guggenberger-see

Stadtverwaltung Neutraubling (1988): Neutraubling.

TVA (2019): Haid-Park feierlich eröffnet. www.tvaktuell.com/mediathek/video/ neutraubling-haid-park-feierlich- eroeffnet

Mündliche Auskünfte

Koschnitzke, Ingrid (Lutherkirche)

Rötzer, Julia (Stadtverwaltung Neutraubling)

Labyrinth

Thomas Gottfried EDV (2019): Labyrinth- Generator. www.rechner.club/raetsel/ labyrinth-generieren

Auflösung der Rätsel

Labyrinth: © www.rechner.club

     Entdecke deine Stadt

Notruf - Wenn schnelle Hilfe gefragt ist

Allgemeine Notrufnummer: 112

Notrufnummer der Polizei: 110

Nummer gegen Kummer: 0800/111 0 333 oder 0800/116 111

Beantworte folgende Fragen:

- WO ist es passiert?
- WER bist du?
- WAS ist genau passiert?
- WIE VIELE Verletzte gibt es?
- WARTE auf weitere Fragen!

Hier kannst du die Adressen und Telefonnummern von wichtigen Leuten aus deiner Familie aufschreiben, die dir im Notfall helfen können.

Name: ____

Adresse: ____

Telefon: ____

Weitere Telefonnummern:

Name/Telefon: ____

Name/Telefon: ____

Name/Telefon: ____

Notizen

 Entdecke deine Stadt

Dieses Buch könnte dich und deine Familie auch interessieren:

In einer Stadt vor unserer Zeit

10 Spaziergänge durch die Geschichte von Regensburg

Heike Wolter unter Mitarbeit des P-Seminars Geschichte am Gymnasium Neutraubling

Mit diesem Regensburg-Stadtführer tauchst du in eine Stadt vor unserer Zeit ein. Die Auswahl von zehn spannenden Stationen der Regensburger Geschichte zwischen 179 n.Chr. und 2012 lässt dich fühlen, als wärst du vor unwahrscheinlich langer Zeit zur Welt gekommen. Was die Menschen damals wohl gemacht haben?

An allen Reiseführer-Punkten begegnen dir (teilweise verbürgte) historische Personen: Quintus Agilius, George Etherege, Charlotte Brandis und viele mehr. Ihre Äußerungen sind (meist) erdacht, doch sorgfältig recherchiert. So könnte es tatsächlich gewesen sein, so könnten sie gesprochen haben… Lass dich mitnehmen auf spannende Ausflüge durch die Stadt, in der du zu Besuch oder sogar zu Hause bist. Lerne die ungewöhnlichen Seiten Regensburgs kennen und nimm deine Familie mit auf Entdeckungsreise. Auf geht's!

Ab 10 Jahren.
Paperback-Ringbuch.

Klar bin ich von hier!

Was ein schwarzer Junge
in Deutschland erlebt
Text: Sabine Priess
Illustrationen: Hélène Baum

Malik ist neun Jahre alt. Weil er einen kenianischen Vater hat, passiert es ihm immer wieder, dass wildfremde Menschen in seine lockigen Haare fassen. Manchmal ist Maliks Mama schneller und hält die neugierigen Hände fest. Oder Malik duckt sich und die Leute greifen ins Leere. Ziemlich oft wird Malik gefragt, woher er denn wirklich kommt. „Aus der Schützestraße" lautet seine Antwort, doch das scheint vielen Menschen nicht zu genügen. Auch für sein gutes Deutsch wird er öfter mal gelobt. Das wundert Malik. Was soll er denn sonst sprechen? Klingonisch vielleicht? Nur gut, dass er seine Freunde hat. Und einen Lehrer in der Schule, der immer zu ihm hält.

Ein Kinder- und Jugendbuch zu den Themen Alltagsrassismus, Diskriminierung und Diversität. Mit Unterrichtsideen für den Einsatz als Klassenlektüre sowie zwei leckeren kenianischen Rezepten.

Ab 8 Jahren.
In leicht lesbarer Druckschrift.

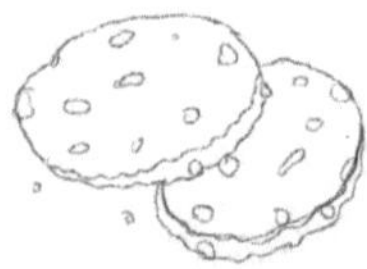